NOS MŒURS

PARLEMENTAIRES

D'où vient le Mal?

Où serait le Remède?

PAR Th. FERNEUIL

Prix : **25** centimes

BORDEAUX

FERET ET FILS, LIBRAIRES

COURS DE L'INTENDANCE, 15

1895

NOS MŒURS PARLEMENTAIRES

D'où vient le mal? Où serait le remède?

L'heureux dénoûment de la crise présidentielle a montré une fois de plus à l'Europe surprise avec quelle aisance s'opérait chez nous la transmission des pouvoirs dans le libre jeu des institutions républicaines. Une détente incontestable s'est d'ailleurs produite dans l'attitude des partis envers le nouveau président de la République, dont la popularité bénéficie de ses origines démocratiques. Le ministère est parvenu, quoique avec peine, à mener à bien la discussion du budget de 1895; et, malgré les difficultés de la situation financière si nettement mises en relief par le récent discours du président du conseil, il n'est pas interdit d'espérer que le cabinet Ribot réussisse à doubler le cap du budget de 1896.

D'où vient cependant que, malgré tant de symptômes favorables, un sentiment vague de malaise et d'incertitude continue à planer sur l'ensemble de la situation politique? D'où vient qu'au sein de cette accalmie apparente il y ait encore lieu de redouter un retour de la période de crise, un nouvel accès de ce mal organique qui couve dans le tempérament national?

Ce mal, nous voudrions tenter d'en donner ici le diagnostic, puis d'en dégager les vraies causes, et, enfin, d'y découvrir le vrai remède. Il est facile de le résumer d'un mot, car il réside tout entier dans l'omnipotence d'une des branches de la législature, dans la rupture d'équilibre entre les pouvoirs qui a, peu à peu, subalternisé et annihilé d'eux d'entre eux, le Sénat et le Président de la République, au profit de la Chambre des députés.

Est-il besoin de preuves à l'appui de cette assertion? Quel esprit un peu perspicace n'est frappé du rôle amoindri que joue aujourd'hui le Sénat dans notre mécanisme constitutionnel? Cette Assemblée n'exerce qu'une initiative presque nulle dans la confection des lois, qu'une bien faible influence sur la marche du gouvernement. Il lui faut attendre le bon plaisir des ministres, soumis eux-mêmes aux volontés de la Chambre, pour obtenir la discussion des rapports élaborés par ses commissions. La Constitution avait voulu en faire un pouvoir de contrôle, il est devenu en pratique une sorte de Chambre d'enregistrement, et, dans une occasion récente, le président d'un des groupes les plus importants de la Chambre haute, M. A. Dussolier, n'hésitait pas à déplorer cet effacement du Sénat dans des termes significatifs qui n'ont été démentis par personne.

Quant au pouvoir présidentiel, la démission de M. Casimir-Perier en a fait soudain éclater à tous les yeux la précarité, alors que, dans son Message, le président se déclarait contraint de résigner une fonction où il était prisonnier de la Constitution et réduit par elle à l'impuissance, d'abandonner un poste où, en butte à toutes les attaques de ses adversaires, il restait privé de toute arme pour se défendre.

A première vue, le mal que nous dénonçions plus haut semble donc provenir des dispositions mêmes de la Constitution de 1875. Mais les apparences répondent si peu à la réalité qu'en étudiant de près la Constitution, on s'aperçoit qu'elle a édicté toutes les garanties nécessaires pour assurer l'équilibre des pouvoirs et que, ni dans sa lettre, ni dans son esprit, elle n'a voulu consacrer l'omnipotence de la Chambre.

D'abord, elle a pris soin de mettre sur un pied complet d'égalité les prérogatives législatives, gouvernementales et financières des deux branches de la législature. Le Sénat, émanant comme la Chambre du suffrage populaire, peut et doit exercer la même influence qu'elle sur la formation des cabinets, sur la confection des lois, sur le règlement des budgets. Il ne dépend que de lui de ne point se laisser enlever cette initiative légitime par une pratique défectueuse, par une fausse interprétation du statut constitutionnel. Mais, nous le répétons à dessein, pas un mot dans la Constiution n'autorise à transformer le Sénat en simple Chambre d'enregistrement.

S'agit-il du Président de la République ? La Constitution le désarme si peu contre les empiétements du Parlement qu'elle lui a octroyé quatre moyens d'en appeler à la Chambre mieux informée : d'abord le droit de Message qui lui permet de s'adresser indirectement au pays par l'intermédiaire de ses représentants, puis le droit d'ajournement des séances de la Chambre, puis le droit de provoquer, dans le délai de trois mois, une nouvelle délibération sur un projet de loi voté par l'Assemblée, ce qui équivaut implicitement au droit de *veto*, enfin le droit de dissolution qui lui permet de renvoyer la Chambre devant ses électeurs et d'instituer le pays juge suprême des conflits entre le pouvoir exécutif et le pouvoir législatif.

Est-on donc bien venu à soutenir que la Constitution laisse le Sénat et le Président sans défense contre l'omnipotence de la Chambre ? Nullement ; mais ce qui dépasse la vertu d'une Constitution la plus parfaite du monde, c'est de communiquer aux hommes investis du pouvoir la volonté et l'énergie d'exercer les prérogatives qu'elle leur a dévolues, de se servir des armes défensives qu'elle n'a point négligé de leur mettre en main. Aussi, dans le cas de la démission de M. Casimir-Perier, le symptôme le plus grave et le plus inquiétant n'est-il pas l'accès de découragement qui l'a poussé à abdiquer ses pouvoirs, mais bien l'état d'esprit que révèle cet acte chez un homme de la valeur de l'ancien président. Il prouve, en effet, que dans ses velléités de résistance à l'omnipotence parlementaire, M. Casimir-Perier s'est senti tellement peu soutenu par l'opinion publique et par le concours de son parti qu'il a préféré quitter le pouvoir plutôt que faire usage d'aucune de ses prérogatives constitutionnelles, car un chef d'État ne saurait évidemment s'engager dans une pareille entreprise sans compter sur l'adhésion incontestable de l'opinion et sur l'appui dévoué de ses partisans.

Seulement, M. Casimir-Perier devait faire remonter la responsabilité de sa démission non pas à l'impuissance de la Constitution, mais à la perversion des mœurs parlementaires qui, par un glissement progressif, a annihilé les autres pouvoirs de l'État, et établi en fait la dictature de la Chambre des députés. Par exemple, est-ce la faute de la Constitution si l'on a laissé s'installer l'usage des sessions extraordinaires et remis systématiquement le vote du budget aux derniers mois de l'année? Elle s'est bornée à stipuler que la session ordinaire s'ouvrirait le second mardi de janvier, sans exclure en principe les sessions extraordinaires.

Ce sont donc uniquement de mauvaises habitudes parlementaires qui ont érigé en règle la session extraordinaire, de façon à ajourner le vote du budget à l'époque de cette session, et ont rendu ainsi impossible ou dérisoire le contrôle du Sénat sur la loi de finances.

Il en résulte qu'on aurait tort d'attribuer les vraies causes du mal dont nous souffrons aux lacunes de la Constitution, et que, par suite, le vrai remède à ce mal ne doit pas être demandé à une revision du statut constitutionnel. Les hommes politiques comme M. de Vogüé ont donc raison de déclarer que « cela ne peut continuer ainsi »; mais ils ont tort d'ajouter que, pour sortir de la situation actuelle, ils ne voient d'autre moyen que d'aller à Versailles, car non seulement la revision de la Constitution n'apporterait aucun remède efficace au mal où nous nous débattons, mais encore elle ne ferait que l'aggraver en détournant les esprits de la véritable solution. Aujourd'hui, les partisans de la revision ressemblent à ces malades qui espèrent trouver la guérison en se retournant sur leur lit de douleur, ou plutôt à ces docteurs malhabiles qui, au lieu de refaire le tempérament de leurs malades par le régime et une hygiène convenable, ne savent leur recommander que les prescriptions d'une médication empirique.

De ce que la revision nous paraît un palliatif inefficace et dangereux, s'ensuit-il que nous concluions à un simple redressement de mœurs parlementaires? L'expérience nous a désabusés sur ce point et la dernière tentative du cabinet Perier a définitivement prouvé que la présence aux affaires d'un ministère homogène ne suffisait pas à constituer un gouvernement fort et durable, ni à rétablir l'équilibre des pouvoirs. Si un cabinet parlementaire semblait, par ses origines et sa composition, en mesure d'accomplir sa mission, c'était à coup sûr celui-là, et cependant il n'a pas survécu plus de quelques mois, précisément pour s'être contenté de pratiquer le système de laisssez-faire, laissez-passer, pour avoir partagé l'illusion que la seule existence d'une forte majorité parlementaire saurait garantir la stabilité ministérielle et l'harmonie des pouvoirs constitutionnels. Un sort analogue attend les successeurs, quelsqu'ils soient, du cabinet Perier, car l'habileté, l'éloquence et la valeur individuelle des gouvernants ne peuvent rien contre la force des choses.

Mais, dira-t-on, si le remède à la situation ne consiste ni dans la revision de la Constitution ni dans le redressement des mœurs parlementaires, n'est-ce point une chimère de le chercher ailleurs, et ne vaut-il pas mieux, alors, vivre au jour le jour, en s'accommodant tant bien que mal des difficultés présentes ? On oublie que le statut constitutionnel n'est pas seul à régler les actes du Parlement. Il y a encore le règlement de la Chambre des députés. Or, l'omnipotence parlementaire se manifeste surtout par la non-réglementation des trois prérogatives essentielles de cette Assemblée : le droit d'interpellation, d'initiative législative et d'initiative financière, qui ressortissent tous non point à la Constitution, mais au simple règlement de la Chambre.

Ce défaut de réglementation est la cause profonde de l'affaiblissement et de la dépendance du pouvoir exécutif, le principal obstacle à l'établissement en France d'un gouvernement fort et sûr du lendemain. Voilà des années que nous nous épuisons en efforts stériles à la poursuite d'un gouvernement qui continuera de nous fuir comme un mirage tant que nous n'aurons pas le courage de renverser cet obstacle. Pour cela, il n'est nul besoin de se rendre à Versailles ni de courir la grosse aventure de la réunion du Congrès. Il suffit de modifier, dans le règlement de la Chambre, les dispositions qui régissent les interpellations, le dépôt et l'examen des projets d'ordre législatif et budgétaire.

Le nombre des interpellations ou questions adressées au gouvernement, soit pendant la session extraordinaire de 1891 (vingt-cinq interpellations et huit questions), soit depuis le début de la législature actuelle (soixante et une interpellations et trente et une questions), met déjà en pleine lumière les abus de cette prérogative du Parlement quand on néglige de la soumettre à une réglementation sérieuse.

Tant que la fantaisie individuelle d'un seul député tient en suspens et menace l'existence quotidienne des cabinets, comment le pouvoir exécutif pourrait-il conserver la liberté d'esprit et le sang-froid nécessaires à sa double fonction : 1° assurer la marche régulière des services publics; 2° prendre l'initiative des changements, des réformes que l'évolution sociale introduit sans cesse dans l'organisme politique et administratif?

Or, il n'y a qu'un moyen de réglementer le droit d'interpellation : ce n'est point de fixer un jour déterminé pour la discussion des interpellations, mais bien de déblayer nettement le terrain de toutes les demandes d'interpellation qui ne reposent pas sur un fondement sérieux en les soumettant à la double formalité de la signature d'un certain nombre de députés, 30 à 40, par exemple, et d'un débat préalable dans les bureaux, où elles devraient réunir le tiers ou le quart des voix présentes avant de suivre leur cours devant la Chambre. Le droit d'interpellation redeviendrait ainsi, conformément à la nature des choses, une prérogative collective du Parlement qu'il y a seulement lieu d'exercer chaque fois que l'intérêt national l'exige. Grâce à cette réglementation, la Chambre serait toujours en mesure de contrôler le gouvernement, mais elle n'aurait plus la faculté d'entraver et de tenir en tutelle le pouvoir ministériel.

La vigueur et la stabilité du gouvernement dépendent en première ligne de la
suppression des abus du droit d'interpellation; mais, par contre-coup, les abus de
l'initiative législative réagissent aussi sur
l'assiette et le crédit du pouvoir exécutif.
Comment, en effet, un gouvernement ne
se sentirait-il pas atteint dans ses forces
vives par ce trop-plein de projets de loi
portant les traces irrécusables à la fois de
l'improvisation hâtive et de l'incompétence
technique ? L'accumulation des projets de
loi qui surchargent et encombrent inutile-
ment l'ordre du jour de la Chambre est le
symptôme d'un état maladif de pléthore
législative.

De même qu'il y aurait lieu de déblayer
le terrain des demandes d'interpellation
intempestives, ainsi il importe de mettre
un frein à l'activité légiférante de la Chambre en faisant passer toutes les propositions de loi au crible d'une commission
d'initiative ou d'un comité de législation
choisi annuellement soit par la Chambre
elle-même, soit plutôt, suivant la pratique
américaine, par son président, parmi ses
membres versés dans l'étude des questions
législatives.

Ce premier examen du comité de législation servirait à débarrasser l'ordre du
jour de toutes les propositions de loi qui
ne paraîtraient pas répondre à des besoins
vivement ressentis par le pays; quant aux
autres projets qui mériteraient d'être re-

tenus en raison de leur valeur intrinsèque ou de leur caractère d'opportunité, ils auraient encore, avant de venir en discussion devant la Chambre, à subir l'épreuve d'un examen par la section de législation du Conseil d'État.

Celle-ci, composée de spécialistes compétents, serait chargée de leur donner la forme technique et de les mettre en harmonie avec les textes des lois antérieures sur la matière. Le travail législatif reviendrait ainsi convenablement préparé et mûri pour la discussion devant la Chambre, à qui il resterait alors à accomplir son œuvre propre : mettre le projet de loi au point et le rédiger dans le sens des grands courants nationaux qu'elle représente, dans l'esprit du mandat qu'elle tient de ses électeurs. On éviterait par ce moyen ces lois discordantes et hétérogènes dont nos Parlements ont multiplié les exemples depuis plusieurs années et dont les tribunaux ont tant de peine à appliquer les dispositions par suite des conditions si rudimentaires et si défavorables dans lesquelles s'opère chez nous le travail législatif.

Mais les abus de l'initiative législative sont peu de chose en comparaison des conséquences bien plus graves qu'entraîne le droit d'initiative financière pour la sécurité de la nation et la stabilité du gouvernement. Un seul fait actuel démontre la portée de ces abus : c'est que nous ayons pu atteindre la fin du mois de mars sans que le budget de 1895 soit voté et sans que le ministère ait songé à déposer le projet de budget de 1896. Nous commençons à nous habituer à une situation aussi anormale, aussi contraire à la conception d'un gouvernement régulier que le régime des douzièmes provisoires, et l'exception deviendra de plus en plus la règle si l'on ne se préoccupe pas de réglementer le droit d'initiative financière de la Chambre des députés.

Cette réglementation devrait s'effectuer de deux manières : d'abord, il serait interdit de modifier des lois existantes par voie budgétaire et de réaliser des réformes dans le budget, ce qui, comme on l'a constaté souvent, est le plus sûr moyen de n'obtenir ni budget ni réformes. De plus, la Chambre ou la commission du budget n'aurait pas le droit de substituer au plan financier proposé par le ministre des finances des propositions émanant de sa propre initiative. Si le projet du ministre ne lui agrée pas, elle a toujours la faculté de le rejeter en bloc; mais le gouvernement ou le ministre des finances a seul qualité pour introduire des propositions d'ordre budgétaire, parce qu'il est seul assez au courant de l'ensemble des services publics, des disponibilités du Trésor et des ressources du pays pour dresser en connaissance de cause un plan financier. Tel est l'usage constant de la Chambre des communes, qu'il nous faut adopter à notre tour si nous voulons revenir à un état financier normal et rétablir chez nous l'autonomie du pouvoir ministériel.

Enfin, le règlement de la Chambre devrait déterminer des époques fixes pour les diverses opérations de la loi budgétaire : ainsi le gouvernement serait astreint à déposer son projet de budget dans la huitaine qui suivrait le commencement de la session ordinaire, c'est-à-dire vers le 15 janvier; la Chambre aurait un délai de deux mois et demi environ pour l'étude de ce projet et devrait effectuer au 31 mars le dépôt du rapport général. La discussion du budget s'ouvrirait devant la Chambre à partir du 15 avril et pourrait se poursuivre jusqu'au 31 juillet. Si à cette époque le budget n'était pas intégralement voté, le gouvernement n'aurait pas le droit de prononcer la clôture de la session ordinaire, et la Chambre n'entrerait en vacances que ce vote une fois assuré.

On réaliserait ainsi la suppression de la session extraordinaire qui est, au fond, contraire à l'esprit de la Constitution, qui fournit à la Chambre la tentation de reculer l'examen du budget jusqu'aux derniers mois de l'année et annule de fait le contrôle régulier du Sénat sur la loi de finances. Mais, objectera-t-on peut-être, ces dispositions et ces dates fixes auront beau être prévues par le règlement, la Chambre restera toujours maîtresse de passer outre. Sans doute, nous n'ignorons pas l'impuissance des règlements les plus stricts là où la composition des majorités et les mœurs parlementaires laissent tant à désirer; cependant croit-on qu'une Assemblée, quelque inférieur qu'en soit le niveau, n'hésitera pas davantage à violer les dispositions impératives de sa propre Charte et à en assumer la responsabilité devant le pays si elle rencontre devant elle le frein du règlement qui fait totalement défaut aujourd'hui ?

Cette revision du règlement tendant à limiter les trois prérogatives essentielles de la Chambre nous paraît donc le seul remède efficace au mal chronique dont nous avons signalé plus haut les ravages : la rupture de l'équilibre constitutionnel et la prépotence de la Chambre des députés. Toutes choses seraient ainsi ramenées à leur véritable place. Le pouvoir ministériel récupérerait la liberté d'allures et la stabilité nécessaires à sa fonction ; le Parlement, de son côté, serait restreint à un rôle de surveillance et de contrôle, non d'action et de gouvernement.

Reste la question de procédure pour opérer une pareille réforme. N'est-il pas chimérique de l'attendre de l'initiative de la Chambre ? Il faut compter ici avec les habitudes prises et les tendances de la législature actuelle. Le dogme de la souveraineté nationale a trop fortement marqué les esprits de son empreinte pour que la Chambre consente jamais, de son propre mouvement, à réglementer ses prérogatives et à restreindre son omnipotence.

Or, nous sommes aujourd'hui en face du dilemme suivant : ou nous nous contenterons du *statu quo* et du minimum actuel de gouvernement, et alors il faut nous résigner à n'avoir jamais que des cabinets plus ou moins en l'air, sans stabilité et sans autorité, que des lois mal faites et plus ou moins inapplicables, que des budgets votés en retard avec leur accompagnement naturel, le régime des douzièmes provisoires, en un mot que l'anarchie parlementaire toujours grosse d'une rechute dans le césarisme ; ou nous sommes résolus à extirper le vice organique de la situation, l'omnipotence de la Chambre, et, en ce cas, l'initiative ne saurait partir que des pouvoirs qui en souffrent le plus directement et sont les plus intéressés à y porter remède : le président de la République et le cabinet de gouvernement.

Quand la Chambre actuelle est arrivée aux affaires, on pouvait encore caresser l'espoir que la présence d'une majorité compacte allait modifier cet état de choses ; mais, depuis, le flot continu des interpellations, le débordement des propositions de loi, et surtout l'exemple sans précédent d'une Assemblée discutant encore son premier budget quinze mois après l'ouverture de l'exercice, et réduite à voter un quatrième douzième provisoire, ont achevé de dissiper les dernières illusions.

La ligne de conduite semble donc naturellement tracée. Il faut que le gouvernement explique nettement à la Chambre comment il lui est impossible de gouverner plus longtemps avec une Assemblée omnipotente, avec un exécutif que les droits non réglementés du Parlement condamnent à l'impuissance, et prenne lui-même l'initiative des projets de loi tendant à réglementer les prérogatives essentielles de la Chambre, à assurer l'équilibre des pouvoirs. Si la Chambre fait la sourde oreille et résiste, il ne restera plus que la ressource suprême pratiquée dans tous les pays de régime constitutionnel : la consultation de la volonté nationale appelée à trancher le différend.

Le litige étant directement porté, comme il convient, devant la nation par le pouvoir exécutif, nous ne doutons pas un instant de son verdict. Elle se prononcera sans ambages pour l'existence d'un gouvernement fort et indépendant contre l'omnipotence de la Chambre des députés et contre les abus criants du parlementarisme ; mais, encore une fois, est-il indispensable que le gouvernement n'hésite pas, le moment venu, à engager sa responsabilité tout entière dans le débat et laisse clairement entendre au pays dans quel sens il attend une réponse à son appel.

Th. FERNEUIL.

Corbeil — Imp. C. CORNOUILLROU, rue Gambetta, 15.

9 782019 170547